BOEKANALYSE

Wittand

· · · · · · · · · · · · · · · ·

JACK LONDON

BOEKANALYSE

Geschreven door Isabelle Consiglio
Vertaald door Nikki Claes

Wittand

. . . .

JACK LONDON

JACK LONDON

AMERIKAANSE SCHRIJVER

- **Geboren in San Francisco in 1876**
- **Overleden in Glen Ellen in 1916**
- **Opmerkelijke werken:**
  - *The Call of the Wild* (1903), roman
  - *De zee-wolf* (1904), roman
  - *Wittand* (1906), roman

Jack London, een avontuurlijk en geëngageerd man, werd in 1876 in San Francisco geboren. Vanaf 1890 bracht zijn liefde voor de zee hem naar verre landen (Japan, Engeland, het Amerikaanse hoge noorden, Cuba,) die hem inspireerden tot zijn romans. Zijn literaire carrière begon pas echt in 1903 met *The Call of the Wild*, dat een enorm succes werd.

Naast zijn literaire activiteiten raakte Jack London betrokken bij de politiek door zich aan te sluiten bij de Socialistische Partij. Vervolgens was hij oorlogscorrespondent aan het Russisch-Japanse front in 1904. Afgemat door zijn nooit aflatende financiële problemen en zijn overmatig alcoholgebruik stierf Jack London in 1916 op slechts 40-jarige leeftijd. Hij wordt nog steeds beschouwd als een van de grootste Amerikaanse auteurs.

WITTAND

DE REIZEN VAN EENZAME WOLF

- **Genre:** jonge volwassenen roman
- **Referentie-uitgave:** London, J. (2016) *The Call of the Wild and White Fang*. Delaware: Clydesdale Press.
- **Eerste uitgave:** 1906
- **Thema's:** wolf, natuur, inwijding, wreedheid, overleven, het hoge noorden

Wittand, gepubliceerd in 1906, maakt deel uit van een reeks verhalen geïnspireerd door Jack London's reizen in het Amerikaanse en Canadese hoge noorden. In tegenstelling tot *The Call of the Wild*, een verhaal over de terugkeer van een hond naar wreedheid, vertelt *Wittand* het verhaal van een tamme wolf die geleidelijk aan vertrouwd raakt met de menselijke wereld. De roman kan ook worden beschouwd als een inwijding, aangezien de hoofdpersoon een jonge wolf is die geconfronteerd wordt met de wreedheid van de mensheid. *Wittand* vertelt ook een hoofdstuk uit de Amerikaanse geschiedenis: de California Gold Rush en de strijd om het samenleven met de inheemse Amerikanen.

SAMENVATTING

DEEL ÉÉN – DE NORTHLAND WILD

Bill en Henry trekken met een slee over de uitgestrekte vlakten van het Verre Noorden (the Northland Wild) om het lichaam van hun vriend naar Fort McGurry te brengen. De reis wordt steeds gevaarlijker wanneer hun honden beginnen te verdwijnen of te vluchten. De twee mannen beseffen dat ze worden gevolgd door een roedel wolven. Een zij-wolf met rode vacht lijkt hen op de voet te volgen, zonder enige angst voor de mens te tonen. Bill raakt steeds meer gespannen bij het idee dat hij dag en nacht gevolgd wordt door gloeiende ogen. Hij besluit de wolven, die een van zijn laatste honden aanvallen, te lijf te gaan, maar ze verslinden hem ook.

Helemaal alleen gelaten, begint Henry de strijd voor zijn eigen overleving. Hij laat de kist en de slee achter en omringt zichzelf met een cirkel van vlammen, de laatste barrière die hem scheidt van de woeste wolven. Net als hij verslonden dreigt te worden, wordt Henry gered door een groep pelsjagers.

DEEL TWEE – GEBOREN IN HET WILD

Het verhaal laat de mannenwereld achter zich en volgt de reis van de zij-wolf met rode vacht. Zij trekt de aandacht van een oud mannetje, Eenoog, die zich snel ontdoet van alle liefdesrivalen. Het wolvenpaar trekt over de uitgestrekte, ijzige vlakten op zoek naar een territorium.

Daar worden in de lente vijf jonge wolven geboren. Slechts één van hen overleeft; de vorst en de honger doden de anderen. Eén oog sterft in een gevecht met een lynx.

Nu alleen met zijn moeder, moet het jonge mannetje leren jagen en overleven tussen roofdieren. Zijn instinct leidt hem steeds verder weg van zijn territorium, tot ook hij wordt aangevallen door de lynx. Met de hulp van zijn moeder, slaagt de jonge wolf er uiteindelijk in om zijn tegenstander te verslaan.

DEEL DRIE – DE GODEN VAN HET WILD

Voor het eerst komt de jonge wolf mensen tegen. Hij ziet Indianen op weg naar de jacht. Zijn moeder is niet bang voor de mannen en lijkt zich aan hun bevelen te onderwerpen. De lezer verneemt dan dat de zij-wolf is geboren uit een kruising tussen een vrouwelijke hond van een Indiaan en een wolf. Gray Beaver, een van de Indianen, noemt haar Kiche en noemt haar zoontje Wittand. De twee wolven worden naar zijn kamp gebracht.

Wittand wordt al snel gescheiden van zijn moeder, die wordt verkocht aan een andere groep indianen. De jonge wolf ontdekt dan de wreedheid van het menselijk gezag; de mannen bespotten, vernederen en slaan hem. Wittand wordt ook de gezworen vijand van de honden van de Indianen. Gedwongen om zich tegen al deze haat te verdedigen, wordt de jonge wolf agressief en woest en valt hij elke potentiële rivaal aan. De wolf wordt verscheurd tussen onderwerping aan de mannen en zijn oncontroleerbare verlangen om terug te keren naar wreedheid. In de lente keert zijn moeder terug naar het kamp, maar omdat ze nog een nest jongen heeft, erkent ze hem niet.

DEEL VIER – DE SUPERIEURE GODEN

De Indianen lijden een vreselijke hongersnood. Gray Beaver besluit daarom naar het noorden te trekken. Wittand wordt een sledehond en de rest van de roedel is jaloers op de speciale band die hij lijkt te delen met zijn baasje. Enkele jaren later, in 1898, belanden Gray Beaver en zijn honden in Yukon, waar massaal goudzoekers aankomen. Terwijl Gray Beaver allerlei goederen verkoopt, ontmoet hij een man genaamd Beauty Smith die Wittand wil kopen. Aanvankelijk weigert de indiaan, maar Beauty Smith weet hem te overtuigen door hem herhaaldelijk whisky te verkopen.

Wittand wordt verkocht aan een vreselijk wrede man; Beauty Smith maakt van de wolf een vechtdier en organiseert weddenschappen. Wittand wordt al snel een circusdier; hij wint een indrukwekkende reeks gevechten en zijn reputatie gaat hem in de hele regio voor. Op een dag wordt hij neergehaald door een sterke tegenstander; een buldog. Wittand wordt op het allerlaatste moment gered door Weedom Scott, een mijningenieur, en Matt, een hondengeleider. Hoewel hij Wittand aanvankelijk wil doden vanwege zijn agressie, slaagt Scott erin het dier te temmen door geduld, communicatie en aanraking. De wolf wordt zijn trouwe metgezel en vertrouwt volledig op zijn nieuwe eigenaar. Ze bouwen een liefdevolle relatie op.

DEEL VIJF – HET TEMMEN

Weedom Scott maakt van Wittand een sledehond. Hij slaagt erin hem te laten gehoorzamen zonder brutaliteit of geweld te gebruiken. De wolf en zijn baasje hebben een bijzondere band; Wittand vertrouwt hem volledig en lijkt zich aan zijn gezag over te geven. Nu het hoogseizoen ten einde loopt, overweegt Scott terug te keren naar zijn huis in Californië. Hij is niet van plan de wolf mee te nemen, gezien het klimaat in de regio. Maar geconfronteerd met het onophoudelijke geschreeuw van Wittand, die zich in de steek gelaten voelt, moet hij van gedachten veranderen en vertrekt hij vergezeld van zijn trouwe metgezel.

De wolf ontdekt dan een nieuw leven; ver van de ijsvlakte raakt hij steeds meer gewend aan het huis van Scott, zijn familie en de dieren in de omgeving. De wolf wordt een soort waakhond voor het hele huis. Hij redt het gezin door een gevaarlijke veroordeelde te stoppen die uit de gevangenis is ontsnapt en welpen krijgt bij de hond van Scott.

KARAKTERSTUDIE

KICHE

Kiche is een kruising tussen een wolf en een hond, en werd opgevoed door de Indianen. Hoewel haar instinct wild blijft, voelt ze zich op haar gemak bij mensen en is ze niet bang voor contact met hen. Haar leven wordt gekenmerkt door haar terugkeer naar het wild wanneer ze One Eye ontmoet en Wittand opvoedt, de enige overlevende van zijn nest. Dan keert ze terug naar de mensen en wordt gescheiden van haar welp. Als beschermende moeder leert Kiche Wittand een levensstijl die beïnvloed is door zowel de wilde als de mensenwereld.

WITTAND

Wittand, een prachtig en snel dier, wordt van jongs af aan gekenmerkt door zijn fysieke kracht en weerstand. Als hij nog maar net gewend is aan de gevaren van het woud, wordt hij gevangen genomen door Indianen die hem met geweld temmen. Uitgehongerd van enige genegenheid, maar niet langer in staat om te leven zonder menselijk contact, ontwikkelt hij een agressieve kant die zijn enige verdedigingswapen is. Wanneer hij een vechthond wordt, kent hij geen ander gedrag meer dan aanvallen en doden. Hij vertrouwt geen mensen, maar hij kan niet zonder hen leven. Zijn jachtinstinct is blijvend veranderd door zijn afhankelijkheid van de mens. Het kost tijd voor Wittand om van zijn gewelddadige aard af te komen. Nadat hij door Weedom Scott is geaccepteerd en gedomesticeerd, wordt hij het ultieme loyale en trouwe dier.

EEN OOG

Een oud mannetje dat zijn oog verloor tijdens een gevecht met een liefdesrivaal, deze wolf vertegenwoordigt een wild en ontembaar dier. Hij vreest de mensheid, maar zijn instinct drijft hem ertoe hen te doden als hij zich bedreigd voelt.

GRIJZE BEVER

Gray Beaver is een van de leiders van de Amerikanen. Aangezien de hond die Kiche baarde, aan zijn broer toebehoorde, beschouwt hij Wittand als zijn eigendom. Hij is Wittand's eerste menselijke contact. Hoewel hij niet aanhankelijk is voor de jonge wolf, beseft hij al snel zijn immense waarde. Zo beschermt hij Wittand tegen de herhaalde aanvallen van de andere sledehonden. De wolf wordt zijn metgezel.

Maar Gray Beaver verraadt Wittand twee keer; hij verkoopt zijn moeder en hij verkoopt hem ook aan de wrede Beauty Smith in ruil voor alcohol. Uiteindelijk is het deze bereidheid tot omkoping, en niet zijn liefde voor het dier, die de beslissingen van de Indiaan dicteert. Deze manier van denken is hem waarschijnlijk doorgegeven door de blanken.

BEAUTY SMITH

Beauty Smith, de kampkok van de goudzoekers, werd beschreven als een lelijke en brute man. Hij kreeg zijn bijnaam van mannen die de spot dreven met zijn uiterlijk.

Zodra hij Wittand in het kamp ziet, wil hij hem hebben. De man is betrokken bij allerlei soorten handel en organiseert illegaal hondengevechten om de weddenschappen binnen te harken. De wolf zou hem dus gegarandeerd een fortuin opleveren. Hij maakt gebruik van Gray Beaver's zwakte door hem veel alcohol te verkopen. Met Beauty Smith wordt Wittand pas echt een wild beest. Meer nog dan Gray Beaver vertegenwoordigt Beauty Smith de corrupte en wrede aard van de mensheid. Hij heeft niet de moed om de confrontatie aan te gaan met Weedom Scott, aan wie hij Wittand opgeeft voor een paar dollar. Hij probeert nog een laatste keer de wolf van Weedom Scott te stelen, maar Wittand verweert zich en brengt zijn voormalige eigenaar ernstige bijtwonden toe.

WEEDOM SCOTT

Vanaf zijn eerste verschijning schiet Weedom Scott Fang te hulp door hem te redden van een zekere dood tijdens zijn gevecht met een buldog. Scott is een geduldige, diplomatieke en tolerante man. Als mijningenieur heeft hij een sterke reputatie onder de mannen in het kamp. Hoewel hij Wittand aanvankelijk wil doden vanwege zijn agressie, ziet hij al snel het potentieel van het dier in wanneer hij merkt hoe de wolf het verschil kan zien tussen een gewapende en een ongewapende man.

Vervolgens accepteert hij het dier met geduld. Hij is ook de eerste mens die echt met de wolf praat, en ze bouwen een band van liefde en vertrouwen op. Scott adopteert de wolf officieel en leert hem het leven in zijn huis in het zuiden. Hij is een zeer goede en gulle man.

ANALYSE

ONDERSCHEIDENDE KENMERKEN VAN DE LONDENSE STIJL

De stijl van Jack London heeft drie essentiële kenmerken:

* De bijna volledige afwezigheid van dialoog. Aangezien het overgrote deel van Londens boek het verhaal vertelt van de reizen van een eenzame wolf, is er heel weinig dialoog. In feite komen de menselijke personages slechts beperkt in beeld. De dialoog is dan ook zeer spaarzaam over de roman verdeeld. De vertelling maakt veelvuldig gebruik van lange beschrijvingen van verschillende landschappen of de zielenroerselen van de jonge wolf.

* Het gebruik van personificatie. Het verhaal van London wordt verteld vanuit het perspectief van Wittand, zodat de lezer al zijn emoties en gedachten leert kennen. Personificatie is een stijlmiddel waarbij aan een dier of voorwerp wat algemeen als menselijke eigenschappen wordt beschouwd, wordt gegeven. Zo wordt de training van Wittand geschreven alsof hij een kind is en krijgt hij menselijke gevoelens: "Hij was verbijsterd door een groter probleem. Hij had heimwee" (deel 3, hoofdstuk 1).

* Een blik van buitenaf op de mens. De hoofdpersoon in Londens roman is een wolf (daarom kan de lezer zich niet met hem identificeren) en het verhaal wordt verteld vanuit zijn perspectief. De keuze om het verhaal vanuit Wittand's perspectief te vertellen kan worden geïnterpreteerd

als een stap terug; het stelt hem in staat de menselijke natuur van buitenaf te bekijken. Door de ogen van Wittand komen de mens en zijn gedrag in het middelpunt van de roman te staan. Dit is vooral het geval wanneer Wittand ziet hoe de mannen rondom Beauty Smith weddenschappen afsluiten op het gevecht waaraan hij gaat deelnemen.

EEN WEERSPIEGELING VAN DE MENSELIJKE NATUUR

Wittand geeft een pessimistische kijk op de mensheid. Vanuit het oogpunt van de wolf is de mens een "God" in de zin dat hij absolute heerschappij heeft over de natuur en soms over zijn medemensen. Zo verwijst hij naar alle mensen die hij ontmoet. Toegegeven, alle mensen die het dier ontmoet zijn bijzonder afschuwelijk; Gray Beaver aarzelt niet om het wolvenjong van zijn moeder te scheiden en Beauty Smith heeft bedrog en liegen in zich ingebakken.

De mens is dus superieur aan de dierenwereld; Wittand is afhankelijk van de mens en vecht tegelijkertijd tegen deze afhankelijkheid. Gray Beaver voedt de wolf op door hem te slaan en Beauty Smith geeft blijk van vreselijk geweld. Voor beiden is de geadopteerde wolf niets meer dan een manier om geld te verdienen. Ze maken zich geen seconde zorgen over zijn comfort. De mannen profiteren van hun superioriteit over een dier dat voortaan gedomesticeerd is.

De wolf ziet echter sommige mannen als superieur aan anderen; daarom worden de blanken de "superieure goden" genoemd. De blanken hebben eigenlijk een dubbele superioriteit. Zij voelen zich superieur aan de dieren, maar ook aan hun medemensen; de Indianen worden uitgebuit en veracht door de blanken, die hun gebied uitbreiden naar het Westen ten koste van de Indianen. Beaver Gray leidt een ellendig leven; hij lijdt honger en wordt gedwongen zich te verplaatsen voor zijn handel. De houding van Beauty Smith is representatief voor de blanken; hij maakt misbruik van Beaver Gray's voorkeur voor alcohol en koopt de wolf voor een belachelijk lage prijs.

EEN VOORSTELLING VAN DE VIJANDIGE NATUUR

De setting van de roman is verdeeld in twee grote delen; het Noorden voor het ene deel en Californië voor het andere, wanneer Weedom Scott Wittand naar zijn huis brengt. Deze twee settings worden gekenmerkt door vijandigheid:

• De streken van het Amerikaanse Verre Noorden zijn vanaf het begin van de roman vijandig tegenover mannen. Bill en Henry worden aangevallen en verslonden, en Beaver Gray en zijn hele familie lijden onder de hongersnood. Onder de dieren heerst de wet van de jungle; sommige wolven doden elkaar snel.

• De Californische steden worden door de ogen van Wittand gezien als een gevaarlijke, beklemmende en wrede omgeving. Het lawaai van de tramlijnen en de haven baren de wolf, die de mensheid als een permanent gevaar ziet, zorgen.

Daarom zijn de decors een weerspiegeling van de manier waarop de mens in de roman wordt afgeschilderd; wreedheid voert de boventoon. De mensheid probeert ook de natuurlijke ruimtes te domineren.

VERDERE REFLECTIE

ENKELE VRAGEN OM OVER NA TE DENKEN…

- In de hele roman worden mannen als goden gezien. Naar welke kijk op de wereld neigt deze uitspraak?

- Hoe wordt het samenleven tussen de inheemse bevolking en de blanken getoond? Is dit historisch correct?

- Denkt u dat de ontmoeting van Wittand met de mannen geluk voor hem was of, integendeel, heeft het dramatische gebeurtenissen teweeggebracht?

- Hoe wordt de wolf meestal getoond in de westerse cultuur? Waarom wordt in dit geval een verhaal over vriendschap tussen een man en een wolf als uitzonderlijk beschouwd?

- Welke rol spelen geld en de verleiding van geld in de roman?

- Wittand wordt voortdurend verscheurd tussen zijn roofzuchtige, woeste instinct en de beste vriend van de mens zijn. Welke kant van hem denk je dat uiteindelijk wint?

- Hoe zou het verhaal anders zijn geweest als het vanuit een menselijk perspectief was verteld?

- Wat denk je dat Wittand naar Weedom Scott heeft gebracht?

- Vergelijk Bill en Henry met Beauty Smith wat betreft hun houding tegenover wolven. Welke conclusies kunnen we hieruit trekken?

- Aan het einde van de roman treedt Wittand heldhaftig op door zijn eigenaars te redden. Wat denk je dat deze daad symboliseert?

VERDER LEZEN

REFERENTIE-UITGAVE

London, J. (2016) *The Call of the Wild and White Fang*. Delaware: Clydesdale Press.

AANPASSING

White Fang. (1991) [Film]. Randal Kleiser. Dir. USA: Walt Disney Pictures.

*We horen graag van jou! Laat
een reactie achter op jouw online bibliotheek
en deel je favoriete boeken op social media!*

www.50minutes.com

Master ISBN: 9782808689090
Papier ISBN: 9782808610490
Wettelijk depot: D/2023/12603/1329

Omslag: © Primento

Digitaal ontwerp: Primento, de digitale partner van uitgevers.